YO RONCO, TÚ RONCAS

¿Podemos enfermar mientras dormimos?

Minaret Sandrea

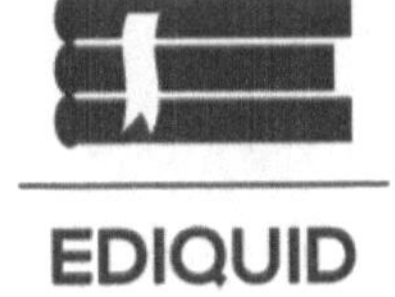

EDIQUID

YO RONCO, TÚ RONCAS
¿Podemos enfermar mientras dormimos?
© Minaret Sandrea

Editado por: Editorial Ígneo, C.A.
para su sello editorial Ediquid
Primera edición, agosto 2021

Depósito Legal: DC2021001067
ISBN: 978-980-436-036-7

www.grupoigneo.com
Correo electrónico: contacto@grupoigneo.com
Facebook: Grupo Ígneo | Twitter: @editorialigneo | Instagram: @grupoigneo

Diseño de portada: Susana Santos
Diagramación: Dianora Gómez Nessi
Corrección: Cindy Scarlet Barreto Medina

Colección: Integrales

ÍNDICE

PRESENTACIÓN

Este libro busca atender la necesidad de hacer llegar a las personas información de calidad sobre dos situaciones de salud muy comunes que se presentan mientras dormimos: el roncar y las apneas obstructivas del sueño. Hacer ruidos molestos durante el sueño es incómodo para nuestro entorno social, pero dejar de respirar representa un pasivo de salud crítico para las personas.

Es importante saber que la palabra *apnea* proviene del griego antiguo ἄπνοια (ápnoia) que significa *ausencia de respiración*. Clínicamente hay una diversidad enorme de trastornos respiratorios al dormir, pero no es el objetivo de esta obra. Lo que sí es evidente hasta el día de hoy es que estas dos situaciones (los ronquidos y la apnea) juegan un papel importantísimo en el deterioro de la salud de la población de manera desapercibida y al mismo tiempo determinante.

Por cultura, sabemos que alimentarse bien y tener una actividad física regular aporta beneficios indiscutibles a la salud, pero ¿qué hay del sueño? Para muchos, roncar es normal: es igual a dormir profundamente o se asume que es algo que está bien que se repita en los hijos dado que los padres roncan. Sin embargo, con el paso del tiempo, se ha descubierto el impacto negativo del ronquido, sus consecuencias en enfermedades cardíacas, cerebrales y la metabólicas; de igual manera, se ha registrado las consecuencias negativas de apneas durante el sueño para la salud emocional del individuo.

Según el Centros para el Control y Prevención de Enfermedades de Atlanta (CDC) los trastornos del sueño son un problema de salud pública a nivel mundial. Solo en los Estados Unidos se calcula que aproximadamente de 50 a 70 millones de adultos sufren problemas de privación de sueño, los cuales pueden ser por insomnio o apnea. Los ronquidos son un indicador que alerta sobre la posibilidad de presentar apneas mientras dormimos.

Contribuir a la difusión de información sencilla que ayude a la consulta precoz y solución de esta situación de salud es el objetivo central de esta obra.

Esta obra está dirigida a todos aquellos que tengan esta situación y tiene por intención otorgarles la información necesaria que pueda ayudarlos a tomar acciones para superar estas condiciones. En la redacción de los apartados técnicos sobre el uso de máquinas, contamos con el apoyo del ingeniero Antonio Marmo quien, con su aporte profesional en los apartados 7 y 8 de esta obra, le da claridad a este aspecto del tratamiento de la apnea del sueño.

1

¿POR QUÉ DORMIMOS?

Al comenzar nuestra existencia en la Tierra, nos insertamos en un ciclo que se rige por la presencia y ausencia de luz, el día y la noche. Cada uno de nosotros está conformado por pequeñas unidades muy activas que se llaman *células*, las cuales se ordenan en tejidos, luego en órganos y estos, a su vez, se agrupan en sistemas dentro de nuestro cuerpo para que podamos vivir, interactuar con el mundo.

Estas células siguen un ciclo celular que podemos comparar con los ciclos de una lavadora, por ejemplo: tiene fases para cumplir cada tarea que la lleva a completar su función principal; si una de estas fases no se realiza de forma adecuada, la célula falla y podemos enfermar. **Contamos con un ciclo celular y llegamos a un mundo que tiene el suyo propio y que también influye en nuestros cuerpos**. Por eso dormimos, porque el cuerpo responde a un ciclo de sustancias que nos promueven a estar despiertos en el día (vigilia) y nos invita a descansar por la noche (sueño).

En nuestra interacción y desarrollo con el mundo, apareció la luz eléctrica y se diversificaron las actividades laborales, generando turnos de trabajo nocturno. Estos dos factores representaron un cambio sumamente importante para nosotros como entidades biológicas, creando una disrupción en el ciclo de vigilia-sueño. Esto es percibido por nuestras células, las cuales funcionan de forma ordenada y atendiendo a su ciclo celular. Pero, ¿cómo se comunican? ¿Cómo saben que ya es hora de dormir y de descansar? Es aquí donde entran en juego otras dos cosas que debemos recordar para entender los efectos de roncar y tener apnea obstructiva del sueño: **el sistema nervioso y el sistema endocrino**. El primero es el responsable de dar respuestas rápidas y precisas, mientras que el sistema endocrino genera respuestas más lentas en el tiempo y que se ajustan a los niveles de sustancias que pueden ir subiendo y bajando, según las necesidades del cuerpo, a través de sistemas de retroalimentación constantes: **las hormonas**.

Entonces, hasta ahora tenemos:

- un ciclo fuera de nosotros;
- un ciclo celular propio;
- dos sistemas reguladores: nervioso y endocrino;
- señales de comunicación: las hormonas.

A los elementos dependientes de nuestro cuerpo, es decir, el ciclo celular, los sistemas reguladores y las hormonas, les falta integrar un concepto vital: ¿con qué energía funcionan? ¿De dónde la obtienen? Allí entran en juego el oxígeno y los alimentos. El oxígeno (O_2) es fundamental para el funcionamiento de las células y para el procesamiento de los alimentos con el fin de obtener carbohidratos, lípidos y proteínas a partir de ellos. Cuando respiramos, el 21 % de lo inhalado contiene oxígeno, el cual es imprescindible para la respiración celular. Si tenemos presiones bajas de oxígeno, todos nuestros sistemas sufren y morimos. Hay dos órganos que tienen necesidades muy altas y selectas: el cerebro y el corazón. Si durante el sueño tenemos carencia de oxígeno, estos dos órganos vitales se van deteriorando.

2

¿PODEMOS ENFERMAR MIENTRAS DORMIMOS?

Si tomamos en consideración que dormimos la tercera parte de nuestra vida y ya sabemos que las células se desarrollan a través de un ciclo ordenado de fases, entonces la tercera parte de esta actividad celular se lleva a cabo durante el sueño. Si durante esa gran cantidad de tiempo, que se supone estamos descansando, nuestras células están sometidas al estrés de no tener suficiente oxígeno, entonces allí está la respuesta a la pregunta inicial: sí, **sí podemos enfermarnos mientras dormimos.**

El sueño, como la respuesta biológica a la ausencia de luz, al descenso de las sustancias que promueven que estemos despiertos y al aumento de las que nos hacen querer descansar, también tiene sus fases. La intención de este libro no es profundizar en la arquitectura de lo que se ha estudiado hasta ahora en el dormir del ser humano, pero sí tiene como objetivo que se conozca cuál es la fase restauradora para el organismo y esta es el sueño REM (*rapid eye movement*).

La fase REM debe alcanzar un 25 % del tiempo total del sueño que tenemos cada noche. Se conoce como *sueño activo* o *sueño paradójico* pues entramos en un período de relajación total a la vez que los ciclos restaurativos del cuerpo tienen el tiempo y las condiciones para vigilar, reparar las cosas que no están muy bien en los respectivos ciclos celulares y poner a punto todo para el inicio del nuevo ciclo de vigilia que nos aguarda.

Cuando roncamos y tenemos apnea, se producen muchos microdespertares durante el sueño del individuo. Esto ocasiona un sueño superficial y disminuye sensiblemente la calidad y la cantidad del sueño REM. A su vez, deteriora la capacidad del cuerpo para la autovigilancia y la restauración, lo que crea la posibilidad de enfermarnos a nivel general. Los investigadores señalan que niveles adecuados de sueño REM en los niños genera desarrollo motor para ellos; en las personas adultas mejora el aprendizaje, la memoria, la creatividad, la plasticidad cerebral y nos prepara para el siguiente día.

A nivel del sistema nervioso, hay dos situaciones que deben conocerse cuando el sueño REM se altera de manera importante:

- **Trastornos específicos del sueño REM**, donde la persona tiene muchos movimientos violentos durante el sueño, movimientos anormales al dormir (mioclonías), pudiendo generar traumatismos indirectos en su compañero de cama. De igual manera, por la exposición al ronquido también pudiera ocasionar sordera en ambos, mientras que para la persona que sufre de estos trastornos se ha descrito mayor riesgo de neurodegeneración con el pasar de los años. Los científicos piensan que este tipo de condición podría tener relación con el origen de la enfermedad de Parkinson.

- **La narcolepsia**, la cual se asocia a la pérdida de células específicas del cerebro. Las personas presentan muchas ganas de dormir (somnolencia), sueño REM alterado, parálisis del sueño y alucinaciones antes de dormir. Uno de los síntomas más resaltantes es la cataplejía, que es la aparición involuntaria de parálisis o debilidad muscular mientras la persona esta despierta. Esta situación tiene diferentes soluciones pero, por desconocimiento, a veces se pierde mucho tiempo en dar con la solución. Por este motivo es recomendable que sea del conocimiento general de las personas.

3

¿POR QUÉ RONCAMOS?
¿EL QUE RONCA SIEMPRE TIENE APNEAS?

El ronquido es el ruido que generan las estructuras blandas de la faringe, la cual se encuentra detrás de la boca, debajo de la parte final de las fosas nasales y por encima del inicio de las vías tanto aérea como digestiva. Para entenderlo mejor, miremos el siguiente dibujo donde están señaladas las regiones superiores de la faringe:

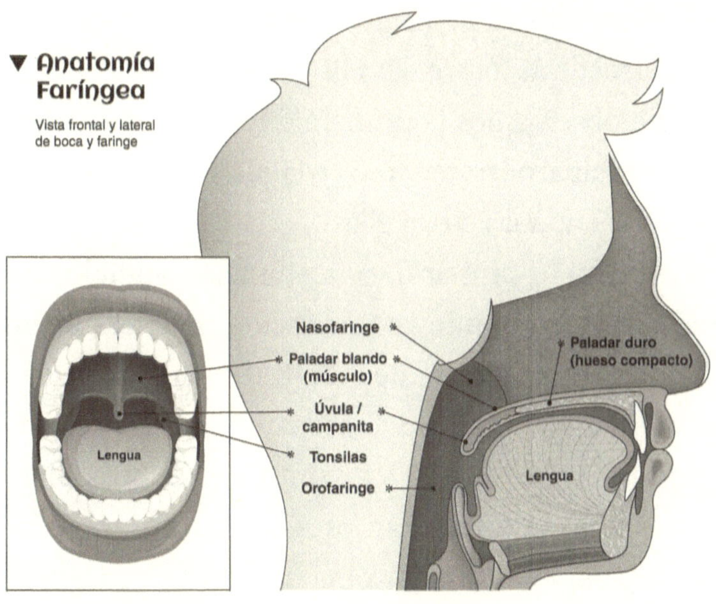

Figura 1. Regiones de la faringe.

Como se puede ver, por allí pasa el aire mientras dormimos por lo que puede haber oportunidad de que ronquemos si existe cualquier cambio en la estructura del hueso o de los tejidos blandos (músculo, grasa o cartílago): desde el punto de vista local, se le llama *evento obstructivo*. Esto se complementa con el concepto de la apnea, que es la detención de la respiración. En el caso de la apnea obstructiva del sueño, nos referimos a la interrupción de la respiración mientras dormimos, acompañada de ronquidos por lo general. El ronquido es una pista para sospechar de esta condición y es molesta para el compañero de cama, pero la apnea deteriora la salud de quien la experimenta cada noche.

El origen del ronquido es la obstrucción repetida de la vía aérea a nivel de la faringe. Cuando los niveles de oxígeno bajan de forma crítica, el cerebro envía una señal para que las estructuras de la faringe se abran y la vibración de estas estructuras, entre ellas el paladar blando, genera ruido. Aquí observamos la primera diferencia importante a la hora de evaluarnos: ¿tenemos ronquido simple o primario, es decir, sin apneas o con ellas?

El ronquido primario es la vibración audible de la vía aérea superior durante la respiración mientras dormimos y, cuando se acompaña de APNEAS, tiene consecuencias importantes en la calidad de vida de quien la presenta y en su compañero de cama. Es un síntoma que nos obliga a investigar si las apneas están presentes o no, sobre todo si se acompañan de otro síntoma muy importante que es la somnolencia diurna.

Para saber en qué nivel nos encontramos, se utiliza la escala de somnolencia de Epworth, con la cual podemos establecer un nivel de sospecha.

Sentado y leyendo	<ul><li>Sin posibilidad de adormecerse (0 puntos)</li><li>Ligera posibilidad de adormecerse (1 punto)</li><li>Posibilidad moderada de adormecerse (2 puntos)</li><li>Posibilidad alta de adormecerse (3 puntos)</li></ul>
Viendo la televisión	<ul><li>Sin posibilidad de adormecerse (0 puntos)</li><li>Ligera posibilidad de adormecerse (1 punto)</li><li>Posibilidad moderada de adormecerse (2 puntos)</li><li>Posibilidad alta de adormecerse (3 puntos)</li></ul>
Sentado inactivo en un lugar público	<ul><li>Sin posibilidad de adormecerse (0 puntos)</li><li>Ligera posibilidad de adormecerse (1 punto)</li><li>Posibilidad moderada de adormecerse (2 puntos)</li><li>Posibilidad alta de adormecerse (3 puntos)</li></ul>
Sentado durante una hora como pasajero en un coche	<ul><li>Sin posibilidad de adormecerse (0 puntos)</li><li>Ligera posibilidad de adormecerse (1 punto)</li><li>Posibilidad moderada de adormecerse (2 puntos)</li><li>Posibilidad alta de adormecerse (3 puntos)</li></ul>
Tumbado por la tarde para descansar	<ul><li>Sin posibilidad de adormecerse (0 puntos)</li><li>Ligera posibilidad de adormecerse (1 punto)</li><li>Posibilidad moderada de adormecerse (2 puntos)</li><li>Posibilidad alta de adormecerse (3 puntos)</li></ul>
Sentado y hablando con otra persona	<ul><li>Sin posibilidad de adormecerse (0 puntos)</li><li>Ligera posibilidad de adormecerse (1 punto)</li><li>Posibilidad moderada de adormecerse (2 puntos)</li><li>Posibilidad alta de adormecerse (3 puntos)</li></ul>

Sentado tranquilamente después de una comida (sin consumo de alcohol)	• Sin posibilidad de adormecerse (0 puntos) • Ligera posibilidad de adormecerse (1 punto) • Posibilidad moderada de adormecerse (2 puntos) • Posibilidad alta de adormecerse (3 puntos)
Sentado en un coche detenido durante unos pocos minutos por un atasco	• Sin posibilidad de adormecerse (0 puntos) • Ligera posibilidad de adormecerse (1 punto) • Posibilidad moderada de adormecerse (2 puntos) • Posibilidad alta de adormecerse (3 puntos)
1-6 puntos: sueño normal **7-8 puntos: somnolencia media** **9-24 puntos: somnolencia anómala (posiblemente patológica)**	
Si se obtiene más de 7 puntos, se debe buscar ayuda	

No siempre el que ronca tiene apnea. Las apneas se dan cuando dejamos de respirar durante el sueño, baja el nivel de oxígeno y el sueño se hace superficial o, como es llamado por los expertos, se *fragmenta*. Cuando esta situación de salud se estudia mediante pruebas clínicas, hay que tratar de manejar un mismo lenguaje para poder clasificar y estudiar a los pacientes, y es allí donde podemos comenzar a hablar del **síndrome de apnea-hipopnea obstructiva del sueño (SAHOS)**, que se refiere a los diversos episodios de obstrucción parcial o total de la vía aérea por hora de sueño acompañados de un esfuerzo respiratorio. Desde el punto de vista técnico es algo mucho más complejo; pero para los efectos de un conocimiento inicial que nos motive a descubrir si tenemos esta situación, esta definición es más que suficiente. Vamos a definir *síndrome* como el «Conjunto de síntomas que se presentan juntos y son característicos de una enfermedad o de un cuadro patológico determinado provocado, en ocasiones, por la concurrencia de más de una enfermedad» (varios autores, 2010).

Para cerrar este apartado, debemos recordar que **el ronquido no siempre se acompaña de apnea**, lo que lo clasificaría como **ronquido primario**. Si roncamos y tenemos somnolencia diurna (medida por encima de 7 puntos con la escala de Epworth) tenemos probabilidad de tener SAHOS. La somnolencia diurna es uno de los tantos síntomas que podrían presentarse y los resumimos en el siguiente cuadro:

Síntomas del síndrome de apnea-hipopnea obstructiva del sueño
• Ronquidos
• Apneas atestiguadas por compañero de cama
• Somnolencia diurna excesiva
• Ahogos y jadeos durante el sueño
• Sueño no reparador
• Disminución de la memoria efectiva y de la atención (mente nublada)
• Necesidad de orinar con frecuencia durante la noche
• Despertares nocturnos frecuentes
• Irritabilidad y/o depresión
• Isquemia y arritmias cardiacas
• Resistencia a la insulina
• Disfunción sexual
• Dolor de cabeza por las mañanas
• Mayor probabilidad de accidentes de auto

4

¿CUÁLES SON LOS EFECTOS DEL RONQUIDO Y DE LA APNEA?

Desde el punto de vista práctico, los efectos del ronquido se manifiestan en nuestro entorno social, siendo causa de rupturas sentimentales, problemas laborales y, cuando se hace consciente de esta situación, la persona puede sentir vergüenza y limitarse de dormir acompañado. En el caso de los pacientes que no son conscientes de sus ronquidos, algunos señalan despertarse con sus ronquidos y con sensación de ahogo.

En el caso de la apnea obstructiva del sueño, el panorama se hace más complejo al tratar de entender su origen y sus consecuencias. Desde el punto de vista científico se sabe que el origen está en la faringe y en la interacción muscular entre ese órgano periférico y su regulación a nivel del cerebro. Adentrarse en esa incógnita no es el objetivo ahora, lo importante es describir el efecto visible en las personas, lo cual entorpece la calidad de vida.

Tenemos que recordar que la disminución de la presión parcial de oxígeno y el ascenso del CO_2 (dióxido de carbono), durante los episodios de apnea, generan un cambio negativo en el medio donde están las células y podemos sentir diversos efectos dependiendo de la función que estas tengan. A nivel del sistema nervioso central, lugar donde se regulan la mayoría de las funciones del organismo, se produce un desorden en la estructura del sueño: al enviar la respuesta para que la faringe se mantenga abierta de manera forzada luego de un periodo importante de desaturación de oxígeno, se origina un sueño superficial y, a partir de la vía motora que genera todos los movimientos del cuerpo, se produce un desbalance de la vía neuronal de control motor en la corteza cerebral, donde podemos tener entre otras situaciones el bruxismo (rechinar de dientes), el movimiento periódico de piernas o diversos movimientos que no deberían estar presentes al descansar. Esta consecuencia de movimiento se engrana con la disminución del sueño REM, del que ya sabemos su importancia para la regulación de las emociones y funciones cognitivas como la memoria.

El cuerpo humano funciona gracias al oxígeno, pero ¿qué pasa con el manejo de la energía que proviene de los alimentos? No parece que tenga mucha relación pero, al entender que el estado negativo del medio ambiente donde están las células sufre un cambio tan intenso, no es difícil entender cómo el paciente con apnea se hace resistente a la insulina primero y luego desarrolla diabetes, pues las células se desregulan y pierden la capacidad de responder ante situaciones cotidianas como la correcta utilización de la glucosa o de los lípidos. Allí entra la comprensión de la disrupción hormonal que se origina con las apneas obstructivas.

Para hablar de los cambios negativos en las hormonas, tenemos que saber dos cosas básicas: dónde se producen y dónde actúan. De manera global, debemos considerar que las órdenes principales para producir las hormonas de todo el organismo provienen de una pequeña glándula que se llama hipófisis y que maneja las siguientes áreas: crecimiento, producción de leche materna, función sexual, función tiroidea y de la glándula suprarrenal. Entonces tenemos una situación de estrés de funcionamiento tanto para el sitio que produce los comandos hormonales centrales como en los órganos donde se deben cumplir las funciones; y es por esto que la apnea del sueño provoca un síndrome, ya que varios sistemas se ven afectados y observamos sus efectos de manera distinta pues somos organismos diferentes. En el siguiente dibujo esquemático se resumen las funciones de la glándula hipófisis (véase página siguiente).

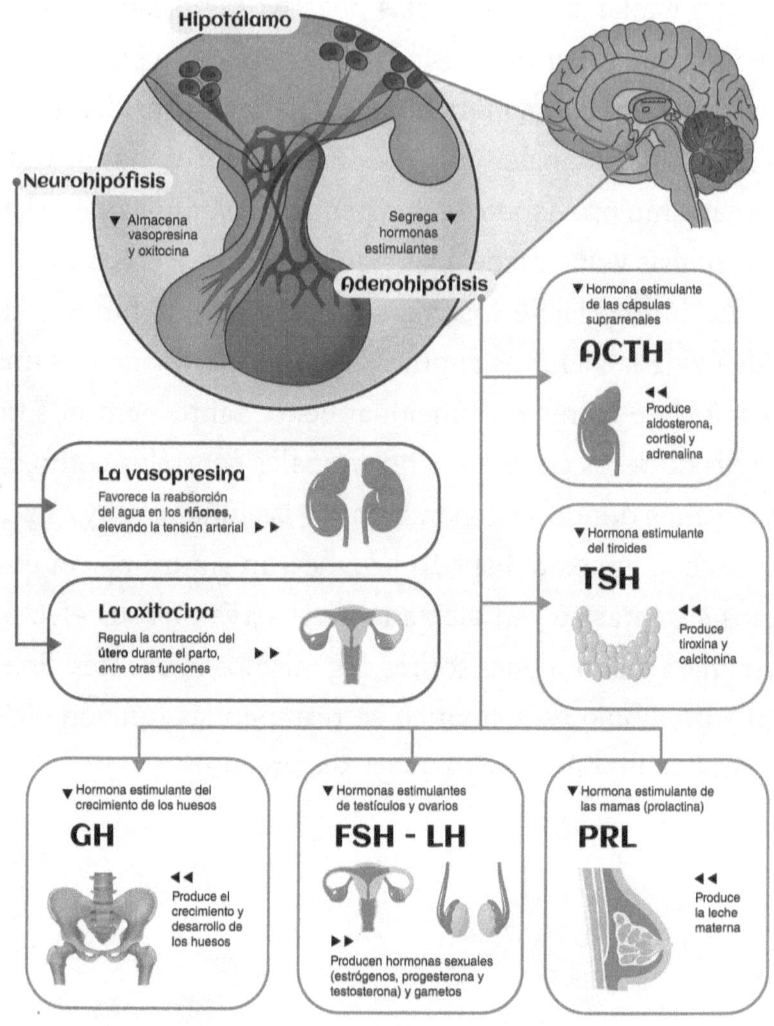

Figura 2. Influencia de la glándula hipófisis en las funciones endocrinas humanas.

Con este panorama podemos comprender el impacto que produce el tener apnea obstructiva del sueño. La falta de oxígeno provoca, entre otras cosas, presión alta, infartos cardiaco o cerebral, resistencia a la insulina, diabetes e impotencia sexual, por nombrar las más resaltantes. Lo anteriormente descrito también puede provocar graves consecuencias neuropsicológicas en las funciones ejecutivas cerebrales: en habilidades como la memoria, la atención, la planificación, la iniciación, el procesamiento perceptual y el tiempo de respuesta ante los estímulos del medio ambiente, y tendencia a la depresión. Desde el punto de vista laboral son más frecuentes los accidentes, así como los incidentes durante la conducción de vehículos. Es decir, mientras más frecuente sea el manejo de vehículos, las personas con apnea tendrá un alto riesgo de accidentabilidad.

Por otro lado, el cuerpo responde a la obstrucción de la vía aérea de distintas maneras, generándose diferentes eventos obstructivos, todos negativos para la salud. Estos son reportados en los estudios de sueño como índice de apneas y se describen gráficamente en la siguiente imagen.

Apnea obstructiva

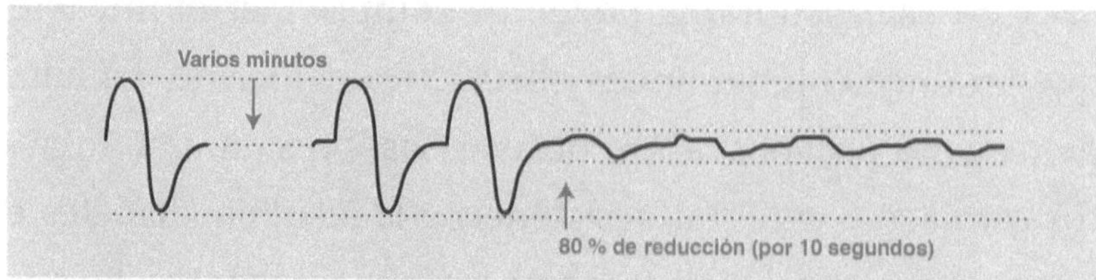

Hipopnea

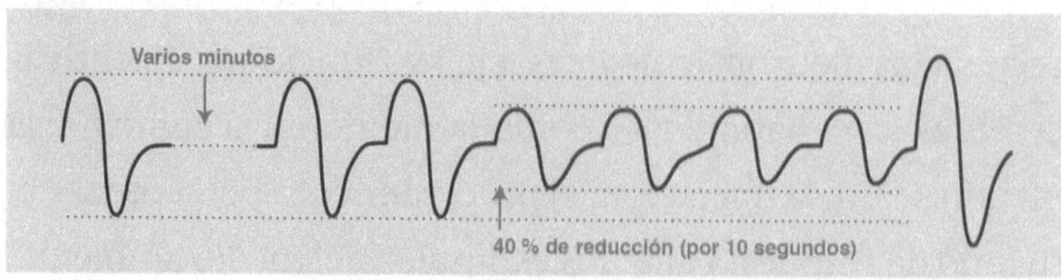

Ronquido

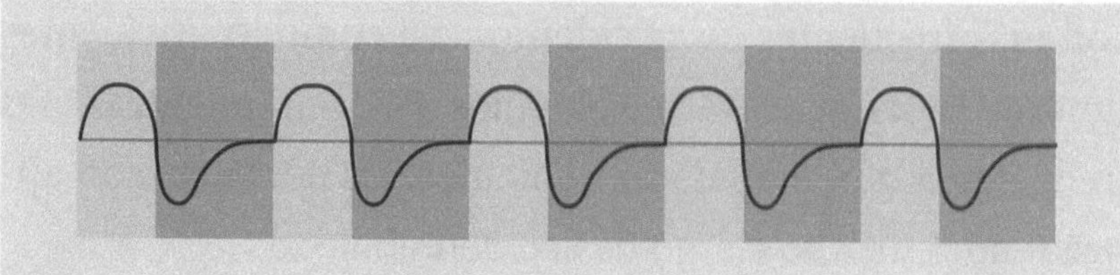

RERA

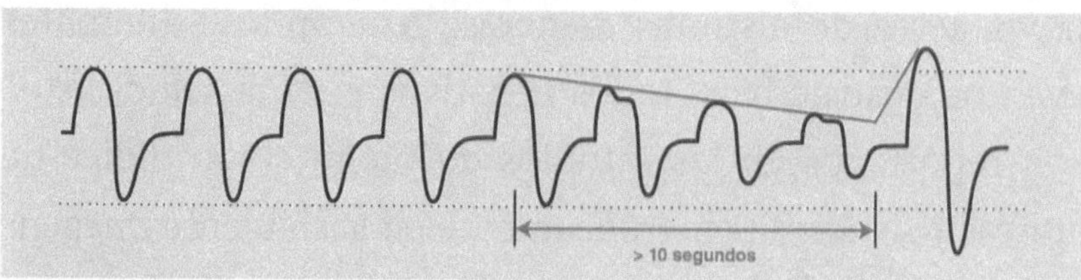

Limitación de flujo

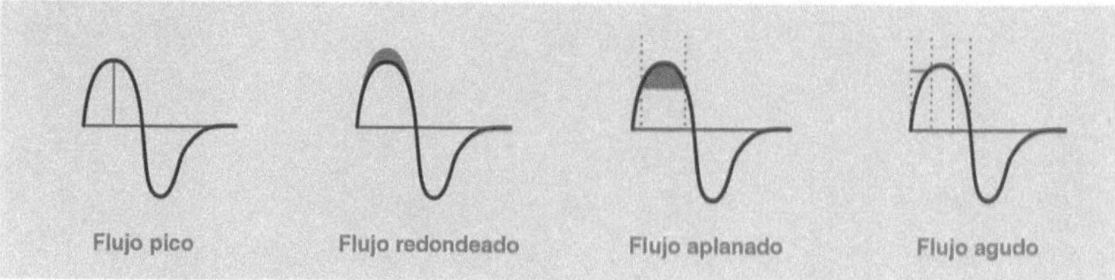

Figura 6. Dibujos esquemáticos de los diferentes eventos obstructivos que se presentan en el ser humano.

5

¿CÓMO PODEMOS DESCUBRIR SI TENEMOS APNEA?

Cuando una persona ronca, puede deberse a la presencia de la apnea obstructiva pues es uno de los indicadores más frecuentes. Sin embargo, sabemos que hay roncadores primarios o simples que no presentan episodios de obstrucción al dormir. Cuando hay apnea, tenemos la somnolencia que podemos autoevaluar con la escala que mencionamos en el apartado 3 y, teniendo en cuenta el valor que nos indica, también podemos tratar de descubrir si tenemos los síntomas que se enumeran a continuación:

- Ronquidos intensos y muy seguidos
- Pausas en la respiración
- Jadeos
- Sueño inquieto
- Dolores de cabeza matutinos
- Despertarse con frecuencia durante la noche para ir al baño
- Dificultad para concentrarse
- Pérdida de la memoria
- Disminución del deseo sexual
- Dificultad para mantener una erección efectiva
- Cambios de humor
- Irritabilidad

Hay factores de riesgo que también podemos explorar si queremos descubrir si esta es una condición que nos está afectando. El factor de riesgo más importante es una alteración del índice de masa corporal (IMC > 27) a expensas del tejido graso, pues este se acumula en el abdomen y en el cuello así que es más probable tener apnea si tenemos sobrepeso u obesidad. Por otro lado, hay personas delgadas que también pueden tener apneas obstructivas y esto solo se puede descubrir a través de exámenes muy específicos como la polisomnografía, pues es la única forma objetiva de saber si los ronquidos se acompañan de apneas. A continuación, se enumeran otros factores que pueden influir:

- **Circunferencia del cuello**: si es más de 43 cm en los hombres y 40 cm en las mujeres.

- **Edad**: mayor de 40 años, aunque puede estar presente a cualquier edad.

- **Sexo**: los hombres tienen más riesgo de presentar esta condición; en las mujeres aumenta la frecuencia cuando llega la menopausia.

- **Hipertensión arterial**: esta condición es la más frecuente, sobre todo si es de difícil tratamiento y requiere de múltiples fármacos para su manejo. Dentro del área cardiovascular también está la hipertensión resistente a tratamiento, la insuficiencia cardiaca congestiva, la fibrilación auricular y la enfermedad cerebrovascular.

- **Bebidas alcohólicas y sedantes**: su uso frecuente puede condicionar la presencia de apneas.

- **Alteraciones en la vía respiratoria superior**: rinopatía obstructiva por septodesviación, hipertrofia de cornetes, hipertrofia adenotonsilar, pólipos nasales, paladar blando redundante, hipertrofia de tonsilas linguales, retrognatia (es una condición dentofacial donde existe una diferencia en la alineación entre la mandíbula y el maxilar), epiglotis flotante; todas ellas condicionan con frecuencia la obstrucción de la vía aérea.

- **Antecedentes familiares**: existe asociación familiar para la presencia del ronquido, no solo por heredar condiciones físicas sino por factores ambientales compartidos como una mala alimentación y sedentarismo.

- **Alteraciones endocrinológicas**: diabetes tipo 2 y síndrome de ovario poliquístico.

- **Condiciones particulares**: acromegalia, síndrome de Down y diversas malformaciones craneofaciales.

Teniendo la sospecha clínica de apnea, se deben realizar pruebas de laboratorio para objetivar la presencia y la clasificación de la misma, pues en el consultorio no se puede decir a ciencia cierta si está presente o no y, dependiendo de su clasificación, tendrá distintos manejos. Esta búsqueda diagnóstica no solo tiene como objetivo un diagnóstico correcto sino también el de hipopneas, donde la obstrucción de la vía aérea es parcial pero conlleva los mismos efectos negativos ya descritos.

Luego de la sospecha clínica se plantea la prueba abreviada en el domicilio o **poligrafía respiratoria**, la cual es una alternativa económica y sencilla al momento de hacer el diagnóstico. Sin embargo, de no ser fiable o ante la presencia de condiciones médicas más complicadas, siempre se puede realizar la **polisomnografía**, que es un estudio de sueño durante la noche bajo supervisión en ambiente clínico. Este tipo de prueba amerita un alojamiento acondicionado para detectar las señales que origina el cuerpo y dar entonces un diagnóstico confiable. Los sensores que se colocan en el cuerpo registran las ondas cerebrales, la frecuencia cardiaca, los episodios respiratorios y la actividad motora que genera el cerebro al dormir. Este tipo de estudio es el indicado en los casos más complicados o donde el nivel de sospecha no es tan claro. Es la opción más completa de diagnóstico. Existen múltiples aplicaciones digitales que pueden ser orientativas pero que no sustituyen a estas pruebas para tomar buenas decisiones en cuanto al tratamiento de la apnea obstructiva del sueño.

6

¿QUÉ SOLUCIONES EXISTEN?

Actualmente, la estrategia terapéutica se basa primero en el control del peso corporal a través de asesoría nutricional además de entrenamiento físico, pues el depósito excesivo de grasa alrededor del cuello sobrecarga la capacidad de los músculos faríngeos y generan su colapso durante el sueño. Luego se clasifica al paciente, según el índice de apneas, en:

a) roncador primario (sin apneas del sueño),

b) apnea del sueño leve,

c) apnea del sueño moderada,

d) apnea del sueño severa.

Esto debe complementarse con el descarte de otras causas de sobrecarga faríngea como lo son las tonsilas palatinas-linguales aumentadas de tamaño, o paladar blando redundante o alargado. Además de estudiar el movimiento faríngeo-palatino durante la vigilia y el sueño, lo cual se realiza con estudios endoscópicos mientras estamos despiertos y puede realizarse un estudio endoscópico mientras dormimos que se denomina **endoscopia de sueño inducido, somnoendoscopia** o **DISE** (siglas en inglés de *drug induced sleep endoscopy*).

Con esa información se pueden plantear diversas alternativas terapéuticas que pueden complementarse y brindar muchos beneficios, pero teniendo siempre en cuenta que la terapia con presión positiva, a la cual dedicaremos un apartado especial de este libro, es la forma más efectiva y conocida hasta ahora para solucionar las apneas obstructivas durante el sueño. Asimismo, es el tratamiento de elección para el paciente con apnea severa que posee un IMC > 32 y enfermedad cardiovascular severa.

Para los pacientes con ronquido primario y apnea leve-moderada siempre se debe controlar el peso corporal y además puede indicarse:

- cirugía adenotonsilar y nasal,
- evaluación por odontología para saber si es posible la adaptación de un **dispositivo de avance mandibular (DAM)** y provocar un adelantamiento controlado de la mandíbula,
- realizar terapia miofuncional en el área faringo-bucal.

En los niños que presenten apneas residuales luego de adenotonsilectomía se les debe realizar primariamente terapia miofuncional.

Dentro del manejo emergente de las apneas obstructivas del sueño se encuentran:

a) cirugía multinivel que puede implicar modificación de las paredes faríngeas, tonsilas linguales y epiglotis;

b) dispositivos para la estimulación nerviosa del hipogloso;

c) tratamiento farmacológico.

Todas estas medidas deben apoyarse en el tratamiento de toda condición nasal que promueva la obstrucción de la nariz o la apertura bucal durante el sueño, bien sea a través de tratamiento ortodóntico o cirugía maxilofacial, además de las medidas de higiene del sueño.

Existen casos donde los eventos obstructivos pueden disminuir según la posición que adoptamos al dormir: si se detecta durante el diagnóstico, se pueden indicar recomendaciones en este sentido. Hoy día existen dispositivos que promueven la posición más adecuada para las personas para así reducir el número de eventos cuando tienen apnea obstructiva posicional. Es importante que quede bien establecido que las diferentes alternativas de tratamiento para el SAHOS son complementarias y no se excluyen entre sí en ningún caso.

Opciones de tratamiento

- Medidas nutricionales
- Higiene del sueño
- CPAP
- Dispositivos orales
- Cirugía de la vía aérea superior
- Terapia miofuncional
- Cirugía bariátrica con IMC > 35
- Farmacología
- Estimulación eléctrica del nervio hipogloso

7

TERAPIA CON PRESIÓN POSITIVA A TRAVÉS DE MÁQUINAS

Como ya se mencionó con anterioridad, una de las formas más conocidas y también más efectivas y eficientes de tratamiento del SAHOS es la presión positiva en la vía aérea (PAP, por sus siglas en inglés: *positive airway pressure*). Este aire a presión se genera a través de un equipo mecánico que toma el aire ambiental y eleva su presión a un valor determinado por un estudio diagnóstico realizado por un especialista. Este aire a presión se suministra a través de un circuito respiratorio (manguera o tubuladura) y una interface o máscara que puede tener diferentes formas, usos y tamaños para adaptar el tratamiento de mejor forma y para aumentar la comodidad de este.

El SAHOS es una oclusión física de la vía aérea superior que impide el paso del aire por periodos de más de 10 segundos y de forma repetida durante la noche. La presión positiva en la vía aérea funciona como una especie de férula neumática que la mantiene abierta, permitiéndonos inspirar y espirar con normalidad. De esta manera, se puede mantener una saturación de oxígeno adecuada durante la noche. Dentro de los parámetros normales para cada paciente que podrían influir en el uso de la presión positiva están:

a) edad,

b) sexo,

c) condiciones cardiovasculares o pulmonares,

d) altitud en la que la persona esté viviendo o trabajando (apneas centrales emergentes).

Algo muy interesante y que se detallará a continuación es de qué forma se puede suministrar la PAP al paciente y la manera en que la vía aérea se mantiene permeable gracias a sus efectos.

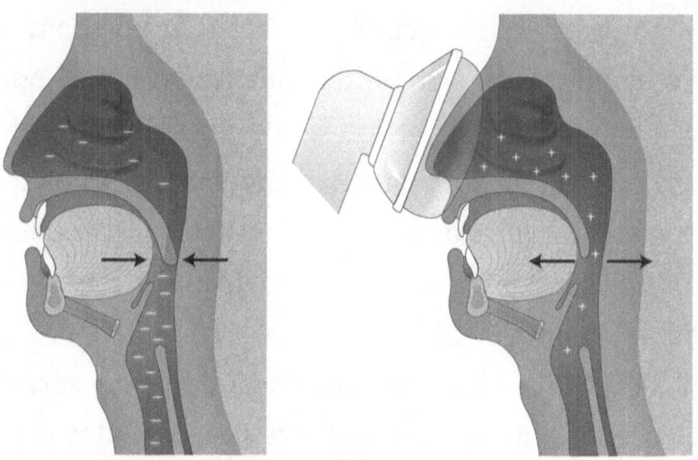

Figura 3. Efecto de la presión positiva en la vía aérea.

7.1. CPAP *(continuous positive airway pressure)*

El CPAP se describe como un equipo que provee presión positiva continua en la vía aérea, aportando una misma presión durante todo el ciclo respiratorio (inspiración y espiración). Para entender mejor cómo funciona este dispositivo, vamos a revisar por un momento el mecanismo respiratorio de forma muy simple.

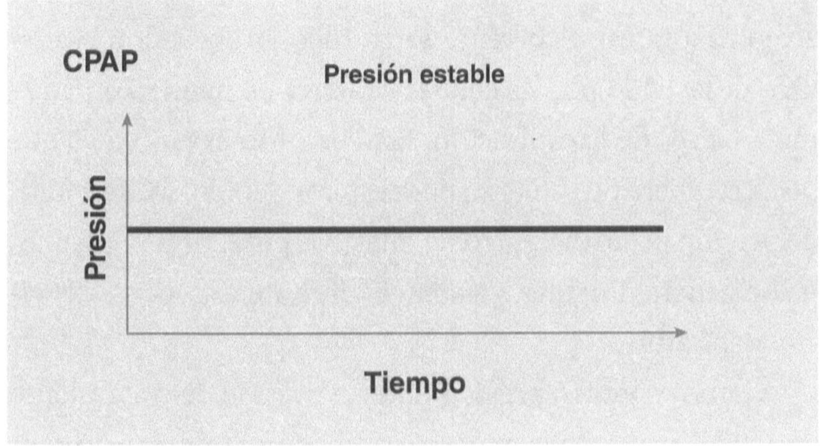

Figura 4. Relación constante entre el nivel de presión y tiempo cuando tratamos la apnea con presión positiva en modo continuo.

La inspiración se conoce como un proceso dinámico y que comienza por la detección de los quimiorreceptores de una elevación del CO_2 y una disminución de la concentración de O_2 en la sangre. Esta situación dispara un mecanismo que crea una expansión rápida del tórax, creando una presión negativa dentro de los pulmones y que, en condiciones normales, nos permite vencer la resistencia del aire que entra por la nariz. También puede vencer las fuerzas que tienden a ocluir o cerrar la vía aérea superior debido a la grasa acumulada en el cuello o por la misma pérdida de tonicidad de la vía aérea, ya sea por la edad o por alguna otra condición física.

Una vez el aire ya está dentro de los pulmones, sube la presión en el tórax. Ahora la presión en los pulmones es mayor que la del medio ambiente por lo que nuestro sistema, después de suministrar el oxígeno por perfusión en los alvéolos a nuestro torrente sanguíneo, procede a tomar el CO_2 desechado por las células y lo saca de nuestro organismo a través de la espiración. Este proceso es pasivo ya que no se requiere de esfuerzo para espirar debido al diferencial de presión positiva dentro de nuestros pulmones y, además, no se genera ninguna resistencia durante esta parte del ciclo respiratorio.

Como se indicó previamente, la presión de tratamiento de CPAP viene determinada en el estudio del sueño y se da en centímetros de agua (cmH_2O), que es una medida de presión métrica. Pero ¿qué pasa cuando las presiones de CPAP para eliminar todos los eventos, como los de apneas, desaturaciones y ronquidos, son muy elevadas? Siendo que la presión inspiratoria y la espiratoria son las mismas en el CPAP, la presión alta nos obliga a tener que realizar un esfuerzo para poder vencer la presión en contra que encuentra en la vía respiratoria. Por lo tanto, dependiendo de la presión y de las condiciones, una presión alta de CPAP puede llevarnos al agotamiento o a no adaptarnos al tratamiento y abandonarlo. Cuando esto ocurre, podemos contar con una forma alternativa de tratamiento, que se describe en el apartado siguiente.

7.2. Auto-CPAP *(automatic continuous positive airway pressure)*

Este dispositivo inteligente responde con un aumento o disminución de la presión de tratamiento de CPAP de acuerdo a los eventos respiratorios que vayan ocurriendo. Es importante mencionar que los eventos de apnea obstructiva no se presentan con la misma frecuencia o intensidad durante toda la noche. De hecho, la mayor cantidad de eventos se corresponden durante los períodos de sueño más profundos o REM.

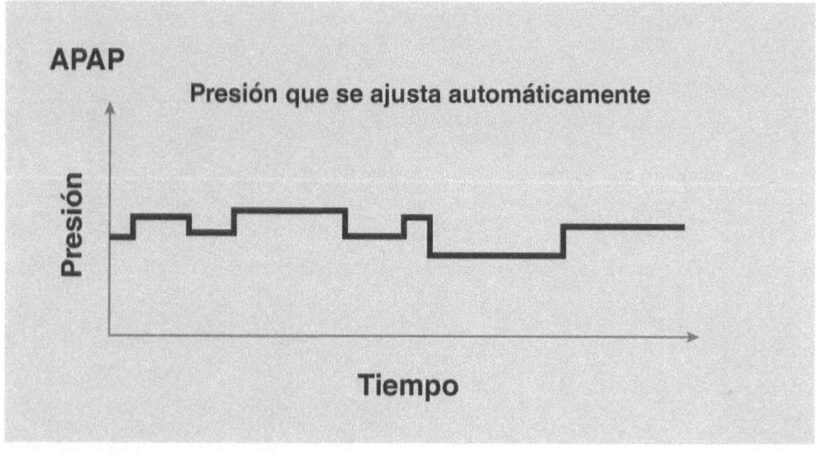

Figura 5. Relación entre las variaciones automáticas de la presión positiva de acuerdo a las necesidades del paciente cuando se utiliza un APAP.

Cuando tenemos un CPAP de una sola presión para toda la noche, se tiene que escoger la mayor presión para asegurarnos de eliminar todos los eventos. La penalidad que se paga es poder soportar esa presión durante toda la noche, aunque en la práctica quizás solo se necesite por una hora. Lo que realiza el CPAP inteligente o auto-CPAP es detectar cualquier evento respiratorio que se presente, tales como: apnea obstructiva, hipopnea, desaturación de oxígeno, ronquidos, y aumentar de forma paulatina la presión para evitar el colapso de la vía aérea. De esta manera, cuando el dispositivo detecta que la curva de flujo está normal y no aparecen eventos respiratorios, disminuye la presión de CPAP hasta que vuelvan a aparecer otros eventos y así repetirse el ciclo.

Debido a que solo se tendrían que usar las presiones más altas por breves períodos de tiempo, esta modalidad de tratamiento suele tolerarse con más facilidad. La presión promedio en la vía aérea de un usuario de auto-CPAP se ve reducida aproximadamente en 1/3 de la presión en un CPAP. Pero, ¿qué pasa cuando seguimos sin tolerar las presiones espiratorias del CPAP o del auto-CPAP? En estos casos hay un método desarrollado antes del auto-CPAP y conocido como BiPAP.

7.3.   BiPAP *(bilevel positive airway pressure)*

Cuando no se toleran las presiones de CPAP, el BiPAP es una alternativa de tratamiento muy eficiente. La Academia Americana de Medicina del Sueño (AASM por sus siglas en inglés), estableció que los pacientes con presiones de CPAP iguales o superiores a 15 cmH_2O podrían cambiarse a la terapia de BiPAP, ya que un 50 % de los pacientes que no toleraron el CPAP reiniciaron su tratamiento con este tipo de dispositivo sin problema alguno, tuvieron mejor adaptación a la máquina y se mantuvieron oxigenados durante el sueño.

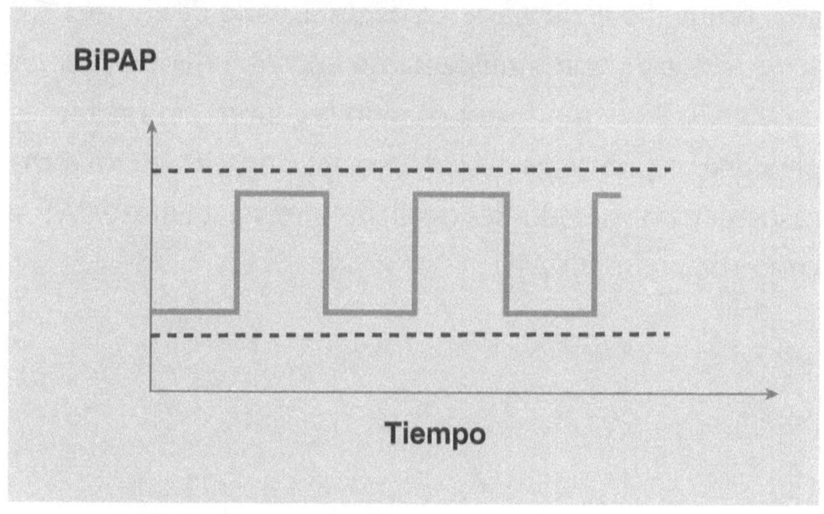

Figura 7. Variaciones de presión en el tiempo del tratamiento que se realiza con BiPAP en los pacientes a quienes se les indica esta alternativa de tratamiento.

El BiPAP tiene la particularidad de generar una presión positiva más alta durante la inspiración, conocida como IPAP; y una presión positiva más baja durante la espiración, conocida como EPAP. Al disponer de este dispositivo, el especialista sube de forma independiente las presiones IPAP y EPAP para eliminar los eventos respiratorios que puedan afectarnos. Por ejemplo, la IPAP se subirá solo cuando aparezcan eventos tales como ronquidos, desaturaciones e hipopneas. El EPAP se ajustará con el fin de eliminar los eventos de apnea obstructiva o mejorar la capacidad residual funcional. Por lo general, para el tratamiento del SAHOS, la presión de IPAP es al menos de 2 cmH$_2$O más alta que la EPAP, permitiendo de esta forma espirar a una presión más baja de lo que se haría comúnmente con el CPAP. Dentro de los equipos de BiPAP, también hay un auto-BiPAP o dispositivo de BiPAP inteligente.

7.4. Auto-BiPAP *(automatic bilevel positive airway pressure)*

Para aquellos pacientes con apneas obstructivas del sueño intolerantes a la terapia con CPAP y con problemas para adaptarse a la terapia de BiPAP, existe un recurso adicional que es el auto-BiPAP.

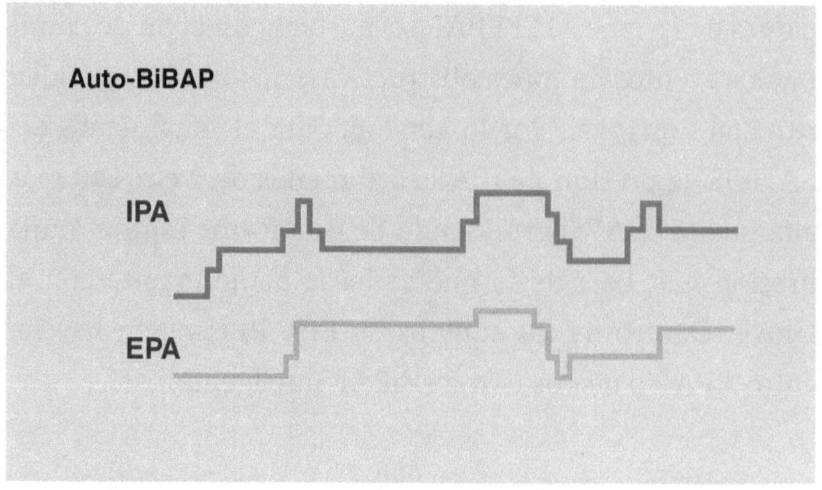

Figura 8. Relación entre las variaciones entre las presiones inspiratorias y espiratorias en los pacientes usuarios de auto-BiPAP.

El auto-BiPAP permite adaptar la presión inspiratoria (IPAP) y la presión espiratoria (EPAP) de forma automática (similar al auto-CPAP), solo que en esta ocasión los eventos por los cuales se va a modificar la presión corresponden a la inspiración o a la espiración. Por ejemplo: la presión IPAP se modifica en la presencia de ronquidos, hipopneas, limitación de flujo, RERA y desaturaciones; en tanto que la EPAP se modifica cuando detecta apneas obstructivas.

Es importante recalcar que estos sistemas ventilatorios, a pesar de ser automáticos, **no deben usarse sin prescripción médica**; esta debe ir precedida de un estudio de sueño. La razón es simple, pero muchas veces ignorada: todos estos dispositivos de presión positiva tienen limitaciones o contraindicaciones que solo un especialista puede señalar. El hecho de tener enfermedades, tales como afecciones cardiacas o pulmonares, ya sean crónicas o reagudizadas, pueden afectar de forma considerable los niveles máximos de presión e incluso desestimar por completo el uso de las funciones automáticas en el BiPAP. Algunas afecciones que pueden obstaculizar el tratamiento son enfisema pulmonar, cardiopatías varias o gasto cardiaco disminuido, así como otras patologías neurológicas. Para estas enfermedades superpuestas con el SAHOS, también existen modalidades ventilatorias por presión positiva pero que no vienen al caso para esta publicación.

8

ADAPTACIÓN, SEGUIMIENTO Y CONTINUIDAD

8.1.   Adaptación

Una vez realizado el estudio diagnóstico y determinado el tratamiento adecuado, viene el proceso de adaptación a la terapia mediante presión positiva según indicación médica. Como se puede apreciar en la descripción del tratamiento por presión positiva, el mismo requiere del equipo que suministre la presión para disminuir, a su vez, los niveles de apneas obstructivas durante el sueño al mínimo. Para esto se necesita de un tubo, una tubuladura, una manguera o un circuito respiratorio, estos diferentes nombres dependen del país donde se encuentre y además se requiere de una interface o máscara entre este circuito respiratorio y la nariz o boca. Existe una amplia gama de máscaras y esta es uno de los elementos cruciales para tener una adherencia adecuada al tratamiento de forma efectiva.

Aunque se recomienda su uso por un mínimo de 4 horas por noche durante el tratamiento, de acuerdo a consensos de especialistas en el área, también es cierto que es un tema de discusión permanente entre ellos: su uso debe especificarse dentro de las indicaciones del tratamiento. Cuando se habla de cuántos días a la semana son necesarios se ha estimado que pude haber uno o dos días de descanso. Sin embargo, cuando la persona se adapta a esta forma de ventilación, se suele continuar su uso debido a todos los beneficios que sienten cuando la terapia es efectiva.

8.2. Máscaras

Considerando que las máscaras o interfaces son unas de las partes más importantes en el apego terapéutico al uso de estos dispositivos, es bueno describir algunas de las más utilizadas.

Las **máscaras nasales** son, por lo general, las más aceptadas y, como su nombre lo indica, cubren únicamente la nariz. El material utilizado es el plástico suave, hipoalergénico y libre de látex, el cual ha sido probado para verificar que sea biocompatible. Este tipo de máscara es ideal para aquellos usuarios que no tengan obstrucciones nasales significativas ni respiración bucal importante.

En el mercado también hay **máscaras faciales**, las cuales cubren la nariz y la boca al mismo tiempo. Este tipo de máscara suele usarse en aquellas personas con respiración bucal importante debido a otras patologías.

Recientemente han estado saliendo al mercado unas **máscaras de contacto mínimo** que solo cubren las fosas nasales. Esto evita los puntos de presión en el puente nasal que podrían aparecer en los usuarios de otras máscaras. Por supuesto, estas máscaras requieren de un arnés para poder sujetarse a la cabeza de la persona. Su correcta posición, gracias a un adecuado ajuste del arnés, ayudará de forma significativa en la adherencia al tratamiento.

8.3. Humidificación

Un aspecto importante a considerar para tener una adecuada adherencia al tratamiento es la humidificación. ¿Por qué es tan importante? Todos los equipos utilizados para esta terapia elevan la presión del medio ambiente. Para hacer esto, el sistema debe generar un flujo de aire mucho mayor al que respiramos generalmente. Este flujo entra al sistema respiratorio a una presión mayor, pero también a una velocidad mayor a lo normal, por lo que el aire excede la capacidad de nuestra nariz de filtrar, calentar y humedecer el aire que respiramos a través del equipo, resecando de esta manera la mucosa de la vía aérea superior, promoviendo la tos e hipersensibilizando la respuesta de la vía aérea al tratamiento. La utilización del humidificador calentador es importante independientemente de la ubicación geográfica del usuario, sin importar el porcentaje de humedad donde este se encuentre.

Algunas de las causas para el abandono del tratamiento es la condensación del agua en el circuito respiratorio o tubuladura, la cual podría llegar a la máscara y causar temor por la posibilidad de inhalación del agua durante su uso. Algunas maneras de evitar este inconveniente son:

a) reducir el nivel de humidificación,

b) usar un forro de aislamiento térmico alrededor del circuito respiratorio,

c) colocar la tubuladura por dentro de las sábanas para calentar el circuito respiratorio con la temperatura corporal.

Sin embargo, recientemente, los sistemas de humidificación disponen de tubuladuras calefaccionadas que resuelven esta posible situación durante el tratamiento con presiones positivas.

8.4. Seguimiento

El SAHOS, como toda condición crónica, puede ser controlado y reducido a su mínima expresión, al punto de pasar desapercibido y no representar efectos importantes para la salud. Para lograr esto y una vez comenzado el tratamiento, debe ser supervisado de manera continua para mayor efectividad. Podríamos hacer una analogía del SAHOS con la diabetes mellitus desde el punto de vista de su seguimiento diario, de forma que se puede determinar (en el caso del SAHOS) si los eventos e índices de apnea obstructiva se mantienen dentro de los límites o valores mínimos.

Para poder medir estos valores diarios, que motivan a seguir el tratamiento, en la actualidad, los mismos equipos permiten registrar y corregir la actividad y el uso del tratamiento. Estos equipos pueden indicar, cada día, las horas que los usamos, así como los eventos relacionados a la apnea obstructiva, lo cual muestra los índices que permiten evaluar la calidad del sueño y la efectividad de la terapia.

Hoy día la tecnología permite dar ciertos valores que nos animen a seguir con el tratamiento, nos permitan corregir el curso del mismo en caso que los días de uso sean escasos o los usemos menos tiempo del recomendado por los especialistas. De igual manera, estos mismos dispositivos guardan información más detallada, la cual será evaluada por el médico especialista y con la que se podrá determinar si el tratamiento está dentro de los valores esperados o, por el contrario, si se deberían realizar ajustes al mismo.

Hasta hace algunos años la forma de registrar esta información era a través de una memoria *scan disk* (SD), la cual podía revisarse cada mes o cada tres meses dependiendo del especialista y mediante un software de lectura. En la actualidad los dispositivos de presión positiva pueden transmitir de forma inalámbrica (WiFi o GSMA) a una nube digital toda la información diaria, sin la necesidad de que nos movilicemos mensualmente a la consulta del médico especialista o a la empresa de atención domiciliaria que renta o vende el dispositivo.

8.5. Continuidad

Es claro que la adaptación y el seguimiento del tratamiento son muy importantes para las personas que presentan SAHOS. Pero, en definitiva, es la continuidad de uso del dispositivo indicado lo que determinará su éxito e impacto en la salud del usuario. Una vez que el médico especialista revisa nuestra información, podría sugerirnos proseguir con el mismo equipo o tratamiento, o podría cambiar los niveles de presión. Incluso podría cambiar de modo ventilatorio o proponer alguna otra solución alternativa. Esto también se determina con el paso del tiempo o por el cambio de las condiciones físicas. Es decir, este tipo de tratamiento es muy dinámico y debe estar supervisado por personal preparado para ello.

Para controlar de forma efectiva el SAHOS, es recomendable asistir o utilizar al máximo las herramientas o talleres que el proveedor de servicios o médico especialista estén ofreciendo. En estas actividades, que podrían ser presenciales o a través de internet, el médico especialista y sus asistentes podrían darnos instrucciones detalladas de cómo mejorar el apego en cada una de las áreas mencionadas. También se nos dará información actualizada sobre los avances en el tratamiento de SAHOS y mantendrá nuestro interés en usar, de forma continua, el tratamiento estipulado de forma específica para mantener el control de esta condición.

9

LA PAREJA Y LOS RONQUIDOS

En el estudio clínico de una persona, la información para la elaboración de un diagnóstico correcto se puede obtener de dos fuentes principales: el interrogatorio y el examen físico. Mediante el interrogatorio se obtiene el motivo de la consulta, la enfermedad actual y los antecedentes; mientras que a través del examen físico se completan los datos para tener una impresión diagnóstica inicial que, en el caso de los trastornos obstructivos del sueño, debe corroborarse mediantes estudios de laboratorios.

Pero en el interrogatorio clínico de una persona con trastornos obstructivos del sueño existe una situación particular y parecida a la atención del paciente pediátrico. En esta situación clínica se necesita de una tercera persona para evaluar lo que el paciente presenta durante el sueño, pero con un matiz muy particular, es una tercera persona por elección de vida: la pareja.

Casi nunca se piensa en la importancia de dormir continuamente en pareja en los momentos iniciales de la vida en convivencia, además de los hábitos de sueño o de los cronotipos[1] (ver nota). Esto se complementa con la posibilidad de presentar ronquidos y apneas desde el inicio de la relación o con su aparición en la evolución de la misma. Sea cual sea la situación, la perturbación que puede provocar el ronquido en nuestra vida en común es determinante y, aunque puede ser causa de una separación, también puede verse como una oportunidad de abordarlo como un proyecto de pareja que nos permita un mayor grado de unión y comprensión.

Aunque es un concepto genérico que se deriva de la psicología clínica, un proyecto de pareja implica establecer un compromiso entre dos personas para compartir una meta que puede ser de naturaleza diversa. Lo que sí es característico es que este acuerdo será la fuerza que impulse a permanecer firme todos los días en las cosas necesarias para su realización lo cual, en este caso, implica cosas tan complejas como disminuir de peso, ejercitarse y/o cambiar rutinas de sueño. Es por ello que implica un reto difícil de mantener en el tiempo y que requiere de mucha voluntad.

Se debe tener en cuenta que un proyecto como este no suele ser una planificación rígida ya que puede cambiar con el tiempo, dependiendo de la severidad de la situación y de las medidas de tratamiento sugeridas, teniendo siempre en

---

1   **Búhos:** aquellos que prefieren las horas nocturnas para trabajo o diversión. **Alondras:** se refiere a las personas cuyo momento de bienestar y rendimiento es a primeras horas del día

mente que las indicaciones son complementarias entre sí y demandan disciplina y constancia. Todo esto es más fácil de mantener en el tiempo si se está acompañado.

En la relación de pareja, un proyecto como este podría ser una fuente de reactivación de los lazos de amor y del deseo sexual. Esta es una dimensión del tratamiento del SAHOS que se ofrece como una forma de incorporar de manera más amigable medidas que deben estar presentes en nuestra rutina diaria, presentando a la pareja un factor de afecto y vínculo que puede regular positivamente este proceso.

10

DESPEDIDA

Un paciente bien informado puede tener acceso a mejores herramientas para la recuperación de la salud y, con el apoyo de un equipo clínico, le será más fácil la superación del ronquido y de las apneas. Es por ello que es importante que esta información llegue a la mayor cantidad de personas posible.

Tenemos la certeza de que si las personas tienen el conocimiento sobre la importancia de dormir bien, tomarán las decisiones que sean necesarias para recuperar sus horas de sueño, ya que comprenderán que es un momento fundamental para su restauración física y mental.

Esperamos que este sencillo aporte de información, completa y actualizada, anime a las personas a solicitar ayuda profesional a través de equipos multidisciplinarios entrenados en medicina del sueño.

Quedamos a la orden a través de nuestros correos y redes sociales para apoyarlos en la meta de dormir sin ronquidos ni apneas.

Pueden contactarnos a:

Minaret Sandrea: clinironquidoccs@gmail.com

y @dra.minaret en Instagram.

Antonio Marmo: amarmo@mrsleepus.com

y @mrsleepus en Twitter.

¡Gracias!

GLOSARIO: ¿QUÉ SERÁ...?

Apnea	Suspensión total de la respiración durante el sueño.
Bruxismo	Hábito de apretar los dientes sin ningún objetivo funcional. Es muy frecuente que las personas que padecen de este trastorno presenten dolores en los músculos faciales, dolor de cabeza o apnea durante el sueño.
Ciclo de vigilia-sueño	El ritmo circadiano de sueño-vigilia está relacionado con la luz e implica dormir por la noche y estar despierto durante el día. Este ciclo está determinado y regulado por moléculas específicas de interacción intercelular (relojes biológicos).
Faringe	Conducto de paredes musculosas y membranosas que comunica la boca con el esófago. En el ser humano, forma parte del tubo digestivo y contribuye a la respiración y a la fonación, pues comunica con las fosas nasales, las trompas de Eustaquio y la laringe.
Hipopnea	Suspensión parcial de la respiración durante el sueño.
Mioclonías	Tirón, temblor o espasmo muscular involuntario y repentino.
RERA	Así se denominan a los esfuerzos respiratorios asociados a microdespertares, los cuales pueden ser detectados por el estudio polisomnográfico.
Ronquido	Ruido ronco, áspero y grave que se produce al respirar mientras se duerme, debido a la vibración del velo del paladar.

SAHOS	Siglas del conocido síndrome de apnea e hipopnea obstructiva del sueño, el cual se produce por la hipoxia intermitente durante el sueño y que generalmente está acompañada de ronquidos.
Síndrome	Conjunto de síntomas que se presentan juntos y que son característicos de una enfermedad o de un cuadro patológico determinado provocado, en ocasiones, por la concurrencia de más de una enfermedad.
Sueño	Es un estado biológico activo y periódico en el que se distinguen las etapas NREM y REM, las cuales se alternan de forma sucesiva durante la noche.
Sueño REM	Es una etapa del sueño donde el cerebro y el organismo se energizan. También es el periodo donde soñamos. Contribuye al proceso de almacenamiento de recuerdos, aprendizaje y equilibra el estado de ánimo.

¿DÓNDE BUSCAR MÁS INFORMACIÓN?

1. Peever J, Fuller PM. The Biology of REM Sleep. Curr Biol. 2017 Nov 20;27(22):R1237-R1248. doi: 10.1016/j.cub.2017.10.026. PMID: 29161567.

2. De Meyer MMD, Jacquet W, Vanderveken OM, Marks LAM. Systematic review of the different aspects of primary snoring. Sleep Med Rev. 2019 Jun 45:88-94. doi: 10.1016/j.smrv.2019.03.001. Epub 2019 Mar 13. PMID: 30978609.

3. Ramar K, Dort LC, Katz SG, Lettieri CJ, Harrod CG, Thomas SM, Chervin RD. Clinical Practice Guideline for the Treatment of Obstructive Sleep Apnea and Snoring with Oral Appliance Therapy: An Update for 2015. J Clin Sleep Med. 2015 Jul 15;11(7):773-827. doi: 10.5664/jcsm.4858. PMID: 26094920; PMCID: PMC4481062.

4. Johns MW. A new method for measuring daytime sleepiness: the Epworth sleepiness scale. Sleep. 1991; 14:540-5. PubMed ID: 1798888.

5. Ernst G, Sabán M, Schiavone M, Blanco M, Salvado A, Borsini E. Prevalencia y características de apneas obstructivas de sueño según gravedad [Prevalence and characteristics of obstructive sleep apneas according to severity]. Medicina (B Aires). 2020; 80(5):479-486. Spanish. PMID: 33048792.

6. Neuropsicología Humana. Kolb-Whishaw. 5ª Edición. Editorial Panamericana. Estados Unidos, 2003.

7. Mediano O, Romero-Peralta S, Resano P, Cano-Pumarega I, Sánchez-de-la-Torre M, Castillo-García M, Martínez-Sánchez AB, Ortigado A, García-Río F. Obstructive Sleep Apnea: Emerging Treatments Targeting the Genioglossus Muscle. J Clin Med. 2019 Oct 22; 8(10):1754. doi: 10.3390/jcm8101754. PMID: 31652594; PMCID: PMC6832267.

8. Balachandran JS, Patel SR. In the clinic. Obstructive sleep apnea. Ann Intern Med. 2014 Nov 4; 161(9): ITC1-15; quiz ITC16. doi: 10.7326/0003-4819-161-9-201411040-01005. PMID: 25364899.

9. SEPAR. CPAP y otros sistemas de tratamiento en el SAHS. Volumen I. Editorial Respira. 2014.

10. No dormir lo necesario: Epidemia de la salud pública. Consultado en: www.cdc.gov/spanish/Datos/FaltaSueno/index.html/

11. Semiología médica de Goic. Chamorro, G. Reyes, A. 3 era edición. Ed. Mediterraneo. 2010.

LECTURAS RECOMENDADAS

Redimensiónate y exprésalo en salud (Ilgora Pizzolante)

Cambia de vida y reduce medidas en tan solo 10 pasos
(Mariví Espino)

*En primera línea: héroes cajamarquinos. Experiencias y reflexiones
en tiempos de COVID-19* (Lorena Becerra)

De regreso a la vida (Luis Hernán Toro)

El cáncer y yo (Yeimi García)